Lilian Belmann • Marle Schmidt • Maja Walter

Unterrichtsmaterial zum Kamishibai-Bildkartenset „Der Grolltroll“

DON BOSCO

Gerne nehmen wir Ihre Anregungen, Wünsche, Kritik oder Fragen entgegen:
Don Bosco Medien GmbH, Sieboldstraße 11, D-81669 München
anregungen@donbosco-medien.de
Servicetelefon: +49(0)89 48008-341

Grundlage des Arbeitsmaterials ist die Bilderbuchgeschichte „Der Grolltroll“, erhältlich als **Kamishibai-Bildkartenset** und als **Bilderbuch**.

Kamishibai-Bildkartenset. Format: DIN A3, 15 Bildkarten, erschienen bei Don Bosco Medien, EAN: 4260179 51696 2

Bilderbuch. Format: 30,0 x 23,0, 32 Seiten, erschienen im Coppenrath Verlag, ISBN: 978-3-649-62893-4

Bibliografische Information der Deutschen Nationalbibliothek

Die Deutsche Nationalbibliothek verzeichnet diese Publikation in der Deutschen Nationalbibliografie; detaillierte bibliografische Daten sind im Internet über http://dnb.d-nb.de abrufbar.

1. Auflage 2024 / ISBN 978-3-7698-2567-1

Zeichnungen von Marle Schmidt von den Kreativ-Schwestern auf Basis des Bilderbuchs „Der Grolltroll“ (ISBN 978-3-649-62893-4) © 2018 Coppenrath Verlag, Münster. Ein Buch von aprilkind, Barbara van den Speulhof und Stephan Pricken. Alle Rechte vorbehalten.
Umschlag und Layout: ReclameBüro, München
Satz Arbeitsblätter: Sabine Tröger
Satz: Don Bosco Medien GmbH, München
Druck: Don Bosco Druck & Design, Ursensollen

klimaneutral gedruckt
www.klima-druck.de
ID-Nr. 23149729
bvdm.

Inhalt

Vorwort

Wut, Freundschaft, Streit und Versöhnung haben sicher alle Kinder schon kennengelernt. Sie sind in der Regel ihre täglichen Begleiter. Mit dem vorliegenden Materialpaket zur Geschichte „Der Grolltroll“ können Schüler:innen diese Themen bearbeiten und verstehen sowie einen guten Umgang mit starken Gefühlen finden.

Die **Bilderbuchgeschichte „Der Grolltroll“**, geschrieben von Barbara van den Speulhof und illustriert von Stephan Pricken nach einer Idee von aprilkind, handelt von einem blauen Troll, der wütend wird, weil ihm einfach nichts gelingen will. Die Erzählung zeigt, wie die Wut des Grolltrolls mit jedem Fehlschlag größer wird. Den zunehmenden Frust bekommen auch die Freunde des Trolls zu spüren. Sie wenden sich von ihm ab und der grollende Troll bleibt traurig und einsam zurück. Erst als er sich entschuldigt, finden die Freunde wieder zueinander und versöhnen sich.

Die Erzählung der Geschichte stellt sicher, dass eine gemeinsame Basis geschaffen wird, auf welcher der Einsatz des Unterrichtsmaterials aufbauen kann. Die Arbeitsblätter eignen sich besonders für die **1. und 2. Jahrgangsstufe** und liegen zum Teil in zwei Versionen zur **Differenzierung** vor.

Zunächst wird das **Textverständnis** überprüft. Die Schüler:innen setzen sich mit dem Inhalt der Geschichte auseinander und üben sich im genauen Hinschauen und Lesen. Anschließend geht es um die **emotionalen Komponenten** der Erzählung. Die Kinder reflektieren, was **Wut** überhaupt ist, was sie mit ihrem Körper und ihren Gedanken macht und woher sie kommen könnte. Sie erhalten Anregungen, wie sie Wut ausleben dürfen und wo es Grenzen gibt. Vorschläge zur Bewältigung der Wut runden das Angebot ab. Wut ist ein Gefühl und Gefühle dürfen sein – dieser Zuspruch ist uns wichtig, damit die Kinder einen guten Zugang zu ihren Emotionen entwickeln. Sie sollen verstehen, dass es nicht falsch ist, Wut zu spüren, dass jedoch ein guter Umgang damit ein wichtiges Werkzeug im Leben darstellt. Die Unterrichtsideen zur **Freundschaft** führen die Kinder an das Thema Streit und Versöhnung heran: Was macht einen guten Freund aus? Wie kann ich mich entschuldigen, wenn ich im Unrecht war? Den Abschluss bilden **kreative Aufgaben** mit musikalisch-künstlerischem Schwerpunkt wie der Wut-Rap, das Basteln eines Wutballs und ein Würfelspiel. Diese Materialien können ergänzend umgesetzt werden.

Einen „gefühlvollen“ Austausch wünschen

Lilian Belmann, Marle Schmidt und Maja Walter

Die Autorinnen
Lilian Belmann und Marle Schmidt von den Kreativ-Schwestern sowie ihre Cousine Maja Walter haben gemeinsam viel Freude am Erstellen und Gestalten von Unterrichtsmaterialien für die Grundschule. Lilian und Maja arbeiten als Lehrerinnen in der Grundschule, Marle ist als Illustratorin und Kunstpädagogin tätig.

1. Schwerpunkte der Arbeitsblätter

Arbeitsblatt	Kompetenzen und Inhalte
1: Richtig oder falsch?	Sinnerschließend lesen und Aussagen überprüfen
2: Fragen zur Geschichte	Informationen filtern und schriftlich festhalten
3: Lies genau!	Wörter korrekt schreiben
4: Lesen und malen	Leseeindrücke in anderer Ausdrucksform (Malen) wiedergeben
5: Suchsel	Wörter auf einen Blick erfassen
6: Welche Gefühle kennst du?	Sich seiner Empfindungen bewusst werden
7: Gefühle	Wortfeld „Gefühle" erarbeiten
8: Was macht dich wütend?	Persönliche Gründe für Wut in Bildern oder Worten festhalten
9: Was löst Wut aus?	Allgemeine Auslöser von Wut erkennen
10: Wie fühlt sich Wut an?	Körperliche Auswirkungen markieren
11 + 12: Wenn ich wütend bin, dann ...	Eine Aussage in Bezug auf das eigene Verhalten bildlich oder schriftlich vervollständigen
13 + 14: Frust	Eigene Erfahrungen aufmalen oder aufschreiben
15: Wut hat Grenzen	Reaktionen reflektieren und sortieren
16: Das kann bei Wut helfen	Lösungsvorschläge sammeln und umsetzen
17: Fantasiereise zum Wohlfühlort	Sich in der Vorstellung an einen anderen Ort begeben
18: Mein Wohlfühlort	Innere Bilder aufmalen
19: Entschuldigung!	Ideen bewerten und zuordnen
20: Freunde halten zusammen	Sich der Werte und Bedürfnisse in einer Freundschaft bewusst werden
21: Freude schenken	Eine positive Botschaft verfassen
22: Faltanleitung für ein Papierboot	Leseverstehen (Anleitung) und Feinmotorik verbessern
23: Wut-Rap	Einen Text rhythmisch begleiten
24: Das Wutgewitter	Inhalte in Bewegung ausdrücken
25: Ein Wutgewitter malen	Vorstellungen und Eindrücke gestalterisch wiedergeben
26: Wir basteln einen Wutball	Mimik erkennen und motorische Fertigkeiten üben
27: Mein bunter Troll (Ausmalbild)	Vorlage nach eigenen Vorstellungen kreativ gestalten
28: Trollspiel – Würfeln und Malen	Merkmale einer Figur spielerisch festlegen und bildlich zusammensetzen

2. Hinweise und Lösungen zu den Arbeitsblättern

Hinweise zum Einsatz der Materialien

Arbeitsblatt 16

Die Schüler:innen überlegen sich in Kleingruppen weitere Möglichkeiten, mit Wut umzugehen. Diese tragen sie dann auf den freien Kärtchen ein. Die vorgeschlagenen Ideen können in Wutsituationen getestet werden und als Anregung dienen.

Arbeitsblatt 17

Der Text wird von der Lehrkraft vorgelesen. Bei einer Fantasiereise ist es wichtig, den Text langsam, ruhig und mit ausreichend Pausen vorzutragen, damit die Kinder sich in ihrer Vorstellung auf die Worte einlassen können.

Arbeitsblatt 28

Bei diesem Würfelspiel wird reihum gewürfelt und anschließend das zur Augenzahl passende Bild auf ein Blatt gemalt. Runde für Runde entsteht so ein individueller Troll für jedes Kind. Das Spiel lässt sich auch zu zweit oder allein umsetzen.

Lösungen

Arbeitsblatt 1

Richtig sind folgende Sätze: 1., 3., 5., 6., 8.

So lauten die falschen Sätze richtig:

- Der Bau der Hütte klappt nicht. Deswegen möchte der Troll einen Apfel essen.
- Die Schiffchen gehen alle unter. Das macht den Troll wütend.
- Die Freunde des Trolls gehen weg, weil der Troll wütend ist.

Arbeitsblatt 5

J	C	S	R	**W**	**U**	**T**	J
X	**G**	Q	S	T	P	C	Ü
F	**R**	**E**	**U**	**N**	**D**	**E**	N
Ä	**O**	Ö	I	Z	J	G	**B**
B	**L**	**U**	**M**	**E**	K	Z	**A**
W	**L**	S	B	M	Ü	P	**U**
Q	**T**	H	F	Ä	U	Ö	**M**
X	**R**	X	T	K	O	G	**H**
B	**O**	**O**	**T**	R	J	H	**A**
Y	**L**	S	X	M	P	Ä	**U**
H	**L**	Q	F	Q	Ö	K	**S**
X	S	X	T	X	G	Y	Z

Richtig oder falsch?

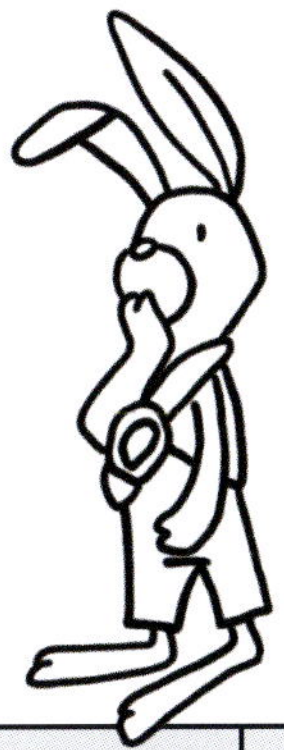

Was hat der Troll erlebt? Kreuze an, ob der Satz richtig oder falsch ist.

	richtig	falsch
1. Der Troll will sich eine Hütte bauen, in der er spielen kann.		
2. Der Bau der Hütte klappt nicht. Deswegen möchte der Troll eine Banane essen.		
3. Der Troll möchte danach gern Schiffchen auf dem Bach schwimmen lassen.		
4. Die Schiffchen gehen alle unter. Das findet der Troll lustig.		
5. Wenn der Troll richtig wütend wird, fühlt sich das an, als würde ein Gewitter in ihm wohnen.		
6. Der Troll kann vor Wut nicht einschlafen.		
7. Die Freunde des Trolls lachen, weil der Troll wütend ist.		
8. Der Troll faltet kleine Boote, um sich bei seinen Freunden zu entschuldigen.		

Schreibe die falschen Sätze richtig auf ein Blatt oder in dein Heft.

Fragen zur Geschichte

Beantworte die Fragen in ganzen Sätzen.

1. Welche Fellfarbe hat der Troll?

2. Mit welchen Tieren ist der Troll befreundet?

3. Was will sich der Troll bauen?

4. Wie fühlt sich der Troll, als es nicht klappt?

Lies genau!

Kreise das richtige Wort ein und schreibe es auf.

Gralltrall Grolltroll
Grilltrill Grelltrell

Igal Igel Igell
Igef Iqel Igol

Maus Mauf Maos
Muas Mauz Mais

Vokel Vögel Vugel
Vogel Voqil Vogil

Hose Hasi Hase
Huse Hasu Hosi

Lesen und malen

Lies genau und male das Bild passend an.

Das Baumhaus liegt in einem Baum mit roten Äpfeln und grünen Blättern.
Das Dach des Hauses ist grün. Der Schornstein hat pinke Streifen.
Die Tür ist orange und die Fenster sind hellblau.
Zwischen dem Baumhaus und dem kleinen Klohaus hängt eine Lichterkette mit bunten Kugeln.
Das Klohaus hat ein Herzfenster und gelbe und orange Streifen.
Um das Haus herum ist ein blaues Geländer. Über eine braune Leiter kann man nach unten klettern. Auch hier hängt eine bunte Lichterkette.

Suchsel

Findest du die sechs Wörter in der Tabelle? Markiere sie.

J	C	S	R	W	U	T	J
X	G	Q	S	T	P	C	Ü
F	R	E	U	N	D	E	N
Ä	O	Ö	I	Z	J	G	B
B	L	U	M	E	K	Z	A
W	L	S	B	M	Ü	P	U
Q	T	H	F	Ä	U	Ö	M
X	R	X	T	K	O	G	H
B	O	O	T	R	J	H	A
Y	L	S	X	M	P	Ä	U
H	L	Q	F	Q	Ö	K	S
X	S	X	T	X	G	Y	Z

FREUNDE GROLLTROLL WUT

BOOT BAUMHAUS BLUME

Welche Gefühle kennst du?

Schreibe weitere Gefühle dazu.

Alle meine Gefühle sind in Ordnung.
Ich darf sie fühlen!

Wut

Gefühle

Bei welchen Wörtern handelt es sich um Gefühle? Kreise ein.

fröhlich

einsam

wütend

lernen

Apfel

Blume

zufrieden

spielen

rennen

traurig

ängstlich

Auto

überrascht

Was macht dich wütend?

Male oder schreibe auf.

Was löst Wut aus?

Was löst Wut aus? – Wortkärtchen

Schneide die Kärtchen aus und klebe passende Wörter neben den Troll.
Du kannst weitere Dinge auf die leeren Kärtchen schreiben.

lügen	hauen	schubsen
ausschließen	auslachen	ärgern
klauen	Ungerechtigkeit	Streit

Wie fühlt sich Wut an?

Wo in deinem Körper spürst du Wut? Markiere die Stellen.

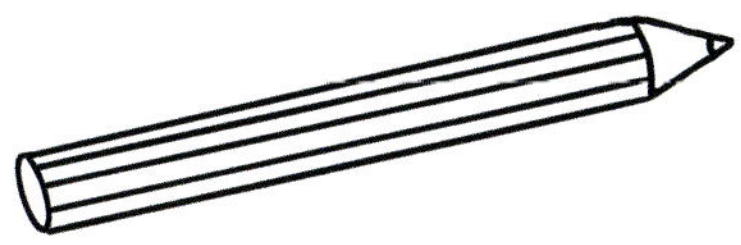

Welche Farben passen für dich zur Wut? Male aus.

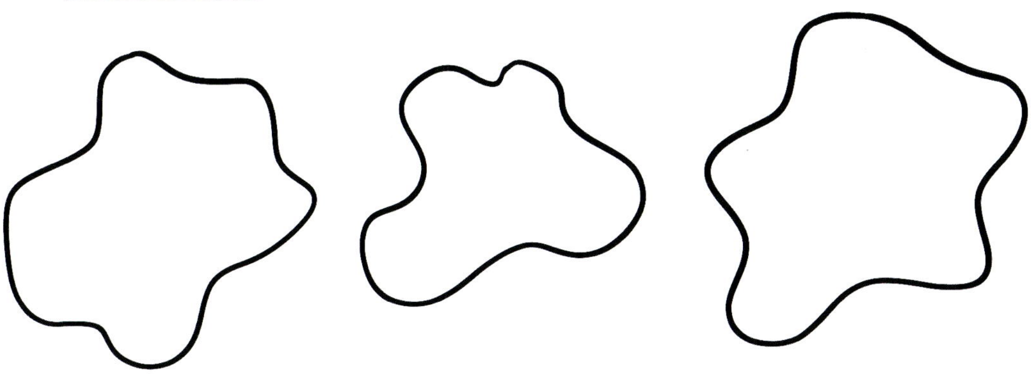

Wie verändert sich dein Körper bei Wut? Zeichne dich selbst, wenn du wütend bist.

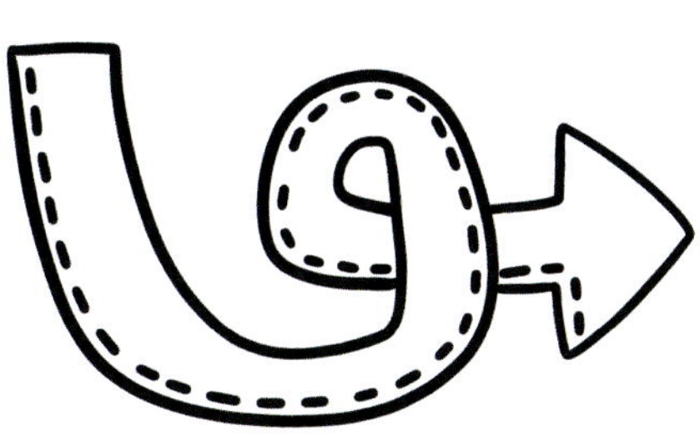

Wenn ich wütend bin, dann ...

Male ein passendes Bild in den Vulkan.

Wenn ich wütend bin, dann …

Vervollständige den Satz.

Frust

Der Grolltroll ist frustriert. Alles, was er machen möchte, funktioniert einfach nicht. Vielleicht kennst du das auch, dass du unbedingt etwas haben oder machen wolltest, was dann aber nicht geklappt hat. Wie frustrierend!

Male eigene Erlebnisse in den Rahmen.

Frust

Der Grolltroll ist frustriert. Alles, was er machen möchte, funktioniert einfach nicht. Vielleicht kennst du das auch, dass du unbedingt etwas haben oder machen wolltest, was dann aber nicht geklappt hat. Wie frustrierend!

Schreibe eigene Erlebnisse auf.

Wut hat Grenzen

Du bist wütend! Welches Verhalten ist in Ordnung? Umrande grün.
Wo hat Wut Grenzen? Umrande rot.

das Kuscheltier von einem anderen Kind kaputt machen

ein Kind hauen

ums Haus oder durch den Garten rennen

ein Kind an den Haaren ziehen

ein Kind mit Sand bewerfen

mit jemandem darüber reden, was dich geärgert hat

sich zurückziehen (zum Beispiel ins Bett)

Das kann bei Wut helfen

10 x Hampelmann	3 x um den Schulhof rennen	3 x Treppe hoch und runter rennen

Wut rausschütteln	Zeitung zerreißen und zerstampfen	

Fantasiereise zum Wohlfühlort

Finde eine bequeme Position. Schließe deine Augen. Lass alle Anspannung in deinem Körper los. Du spürst deinen Kopf, er ist schwer. Du spürst deine Arme, deine Hände, deine Finger. Du spürst deinen Bauch und atmest tief ein und aus. Ein und aus. Du spürst deine Beine, deine Füße, deine Zehen. Lass noch einmal alle Anspannung los. Dein Körper ist nun ganz ruhig und entspannt. Du atmest nur ein und aus.

Stell dir vor, du reist nun an einen ganz besonderen Ort. Ein Ort, der nur dir gehört. Ein Wohlfühlort. An diesem Ort fühlst du dich sicher und geborgen. Dort darfst du einfach sein!

Es kann sein, dass dein Wohlfühlort eine große Blumenwiese ist. Unter dir spürst du weiches, warmes Gras. Kleine Gänseblümchen und Kleeblätter streicheln deine Finger. Die Sonne scheint vom Himmel. Ihre Strahlen wärmen dein Gesicht.
Du siehst wunderschöne bunte Blumen auf der Wiese leuchten. Du beobachtest, wie eine kleine Biene von einer Blüte zur nächsten schwirrt, ganz in ihre Arbeit vertieft.
Du hörst das Zwitschern von Vögeln und das Fließen eines kleinen Baches, der leise vor sich hin gurgelt und plätschert.
Du riechst das saftige Gras unter dir und den Duft der vielen Blumen, der zu dir weht und dich verzaubert.

Vielleicht ist dein Wohlfühlort am Meer. Du liegst am Strand und spürst den warmen Sand unter dir. Er umgibt dich und fühlt sich an wie ein weiches Bett.
Du siehst das weite, glitzernde Meer. Es schillert in vielen Farben. Kleine Wellen bringen das Wasser in Bewegung. Du fühlst dich frei!
Du hörst das Rauschen des Meeres, das dich ruhig macht. Du hörst leise das Kreischen der Möwen, die über dem Wasser durch die Luft gleiten.
Du hörst und spürst den leichten Wind, der um dich herum weht. Du fühlst dich ganz entspannt und gleichzeitig lebendig.

Dein Wohlfühlort kann auch im Schatten eines großen Baumes sein, unter dem du sitzt und dich geborgen fühlst.

Finde deinen Wohlfühlort. Versuche, ihn in Gedanken zu sehen, zu hören, zu riechen, zu fühlen, vielleicht sogar zu schmecken. Es ist DEIN Wohlfühlort. Er gehört nur dir. Dorthin kannst du gehen, wann immer du möchtest. Er tut dir gut.

Mein Wohlfühlort

Wenn du wütend bist, kann es helfen, wenn du in Gedanken an deinen Wohlfühlort gehst. Das kann ein Ort in der Natur sein, wie zum Beispiel an einem glitzernden See, unter einem großen Baum oder am weiten Meer. In deiner Fantasie kannst du immer an diesen Ort reisen, wenn du ihn brauchst. Er beruhigt dich.

Male deinen Wohlfühlort.

Entschuldigung!

Wie kannst du dich bei einem anderen Kind entschuldigen? Verbinde die Idee mit dem passenden Bild. Verwende unterschiedliche Farben.

Geld schenken

ein Bild malen

zum Spielen einladen

umarmen

auslachen

„Entschuldigung" sagen

das Pausenbrot teilen

nichts sagen

ein teures
Geschenk kaufen

etwas für das Kind
nach Hause tragen

einen Kuchen für
das Kind backen

Freunde halten zusammen

Was machst du mit deinen Freunden besonders gern?
Male oder zeichne.

Was ist dir an einer Freundschaft besonders wichtig? Kreise ein.

teilen

zusammen spielen

vergeben

Spaß haben

füreinander da sein

Geheimnisse anvertrauen

Zeit verbringen

zuhören

einander helfen

gemeinsam lachen

Ehrlichkeit

Zuverlässigkeit

Freude schenken

Der Grolltroll schickt seinen Freunden eine Nachricht mit dem Papierboot, um ihnen eine Freude zu machen.

Über welche Worte würdest du dich freuen? Schreibe auf.

Suche dir einen Partner und schreibe ihm eine Nachricht auf ein Blatt Papier (DIN A4). Falte daraus ein Papierboot und schenke es ihm.

Hier sind ein paar Beispiele für schöne Worte:

Ich mag dich!

Du bist ein guter Freund!

Willst du mit mir spielen?

Schön, dass es dich gibt!

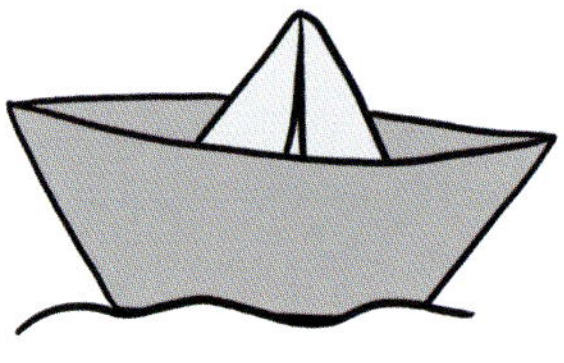

Faltanleitung für ein Papierboot

1.

Papier in der Mitte falten.

2.

Ecken zur Mitte falten.

Dann die unteren Ränder hochklappen und falten.

3.

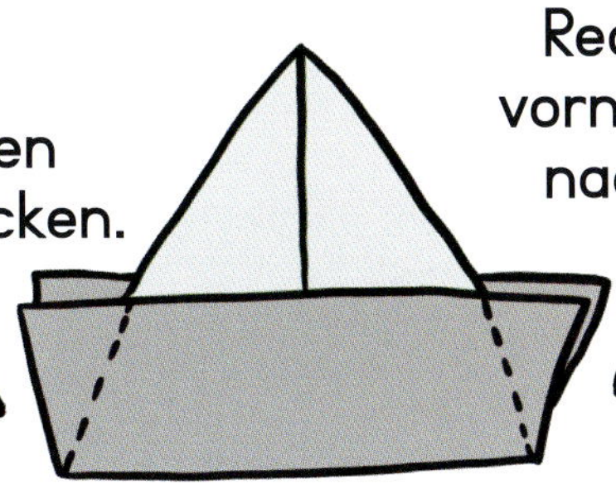

Ecken umknicken.

Rechts nach vorne und links nach hinten.

4.

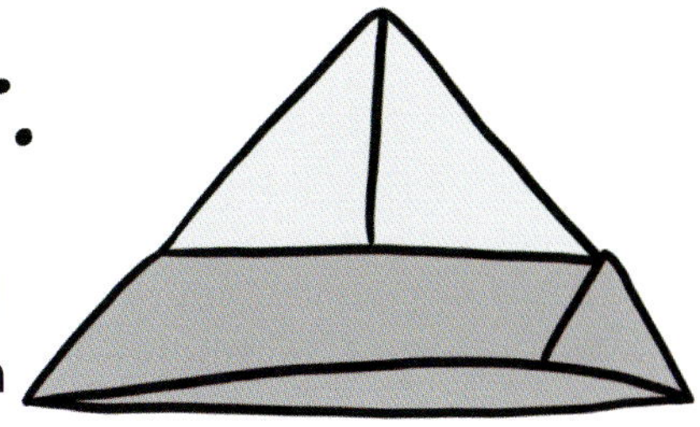

Dreieck öffnen und die seitlichen Ecken aufeinanderfalten.

5.

Die untere Ecke nach oben falten und auch die untere Ecke auf der Rückseite nach oben falten.

6.

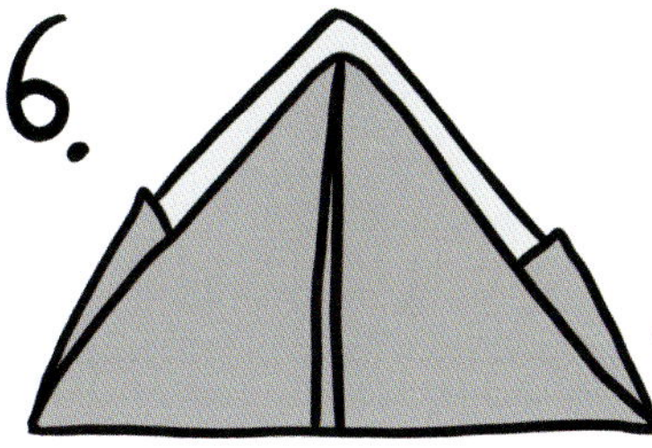

Die seitlichen Ecken aufeinanderdrücken.

7.

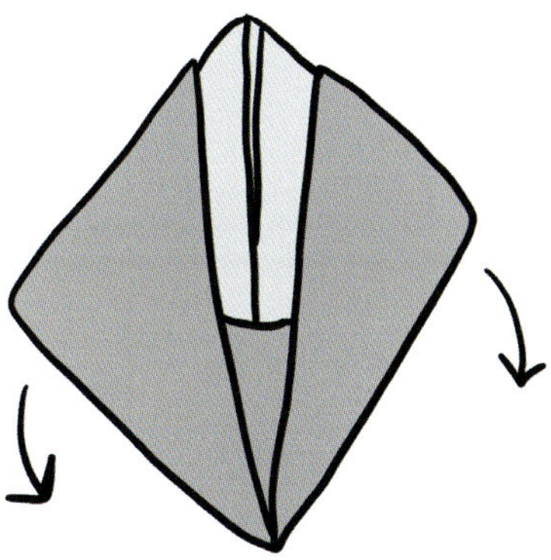

An den Seiten auseinanderziehen.

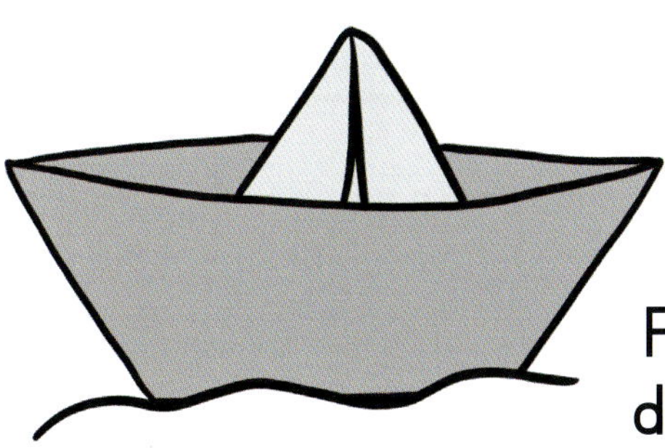

Fertig ist dein Boot!

Wut-Rap

Sprecht den Text laut. Klatscht und stampft im Rhythmus dazu.

Wut, Wut, in meinem Bauch ist Wut!
Wut, Wut, die Wut verdrängt den Mut!

Die Wut in mir ist groß, ich spüre einen Kloß.
Mein Körper angespannt, bin außer Rand und Band.

Wut, Wut, in meinem Bauch ist Wut!
Wut, Wut, die Wut verdrängt den Mut!

Der Zorn in mir, der lebt, vor Wut mein Körper bebt.
Schlag alles kurz und klein, ihr alle seid gemein!

Wut-Rap – Anleitung

Wut, Wut, in meinem Bauch ist Wut!

Wut, Wut, die Wut ver-drängt den Mut!

Die Wut in mir ist groß, ich spüre einen Kloß.

Mein Körper ange- spannt, bin außer Rand und Band.

Wut, Wut, in meinem Bauch ist Wut!

Wut, Wut, die Wut ver-drängt den Mut!

Der Zorn in mir, der lebt, vor Wut mein Körper bebt.

Schlag alles kurz und klein, ihr alle seid ge- mein!

Wut-Rap – Tafelmaterial

Das Wutgewitter

Die Kinder sitzen auf ihren Plätzen, die Lehrkraft liest den Text vor und gemeinsam erleben sie ein Wutgewitter.
Dies kann auch auf dem Boden im Sitzkreis stattfinden, wo die Kinder entweder auf Handtrommeln oder auf den Boden trommeln können.

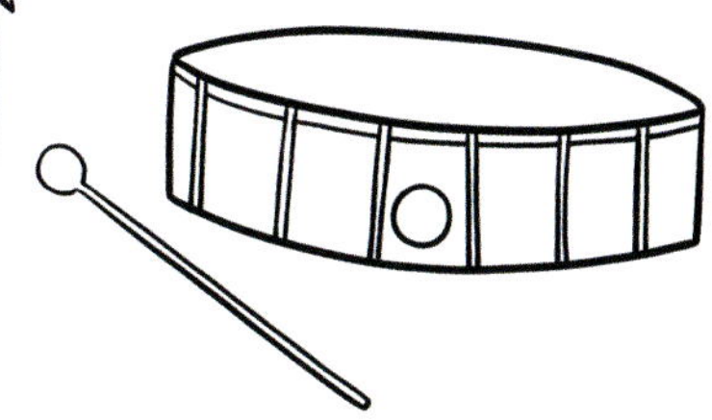

Deine Hände liegen vor dir auf dem Tisch. Die Wut fällt wie kleine Regentropfen herab. Deine Finger klopfen leise abwechselnd auf den Tisch.

Die Wut schleicht sich langsam an, ein Tröpfchen nach dem anderen. Die Tröpfchen sind zuerst leise, werden jedoch immer lauter.

Auch deine Wut wird größer. Wie eine rollende Welle baut sie sich auf. Der Regen wird stärker. Alle deine Finger klopfen nun kräftig auf den Tisch. Immer schneller und immer lauter. Es regnet nun stark und der Regen ist laut.

Du merkst, wie groß die Wut schon ist. Das Klopfen der Finger reicht nicht mehr. Du fängst an, mit den Händen auf den Tisch zu schlagen. Das klingt wie Donner und Blitz.

Du platzt fast vor Wut und das Gewitter tobt. WUT! WUT! Deine Hände klatschen vor Wut laut auf den Tisch. Immer schneller und immer lauter.

STOPP!

Das Gewitter lässt langsam nach. Die Wut wird kleiner. Es regnet nur noch ein wenig. Deine Finger klopfen immer langsamer auf den Tisch. Dann ist das Wutgewitter vorbei.

Ein Wutgewitter malen

Du brauchst:

- ein weißes Blatt Papier (DIN A3)
- Vorlage vom Grolltroll
- Schere
- Klebstoff
- Farben wie Buntstifte, Wasserfarben, Kreiden

So geht's:

1. Schneide den Grolltroll aus und klebe ihn auf das Blatt.
2. Male den Troll aus.
3. Male dann dunkle Wolken, Regentropfen und Blitze dazu. Für dunkle Gewitterwolken kannst du viele dunkle Kreise schwungvoll übereinandermalen.

Fertig ist dein Wutgewitter!

Wir basteln einen Wutball

Ein Wutball kann dir helfen, wenn du wütend bist. Du kannst ihn knautschen und drücken und dabei deine Wut ein Stück weit loslassen.

Du brauchst:

zwei Luftballons

Wolle

etwas Sand

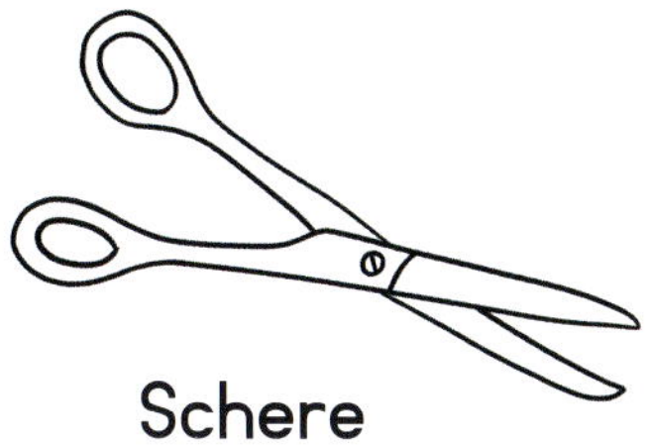

Schere

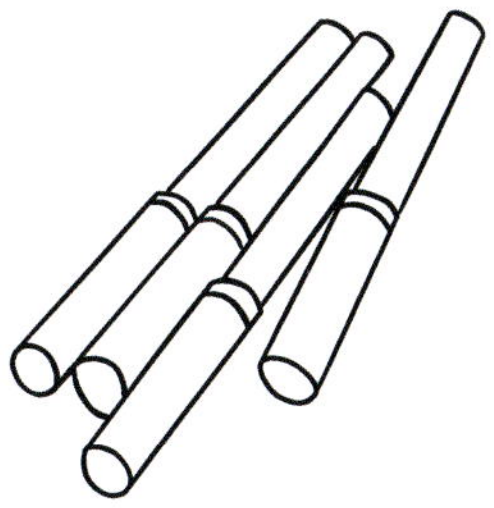

wasserfeste Filzstifte

etwas Stoff

So geht's:

1. Befülle einen Luftballon mit Sand und knote ihn zu. Zum einfacheren Befüllen kannst du eine leere Plastikflasche benutzen.
2. Schneide vom zweiten Luftballon das obere Ende ab und stülpe ihn über den befüllten Ballon.
3. Nun kannst du deinen Wutball noch gestalten: Male Augen, Nase und Mund auf. Klebe mit Wolle Haare an. Aus Stoff kannst du Ohren ausschneiden und drankleben.

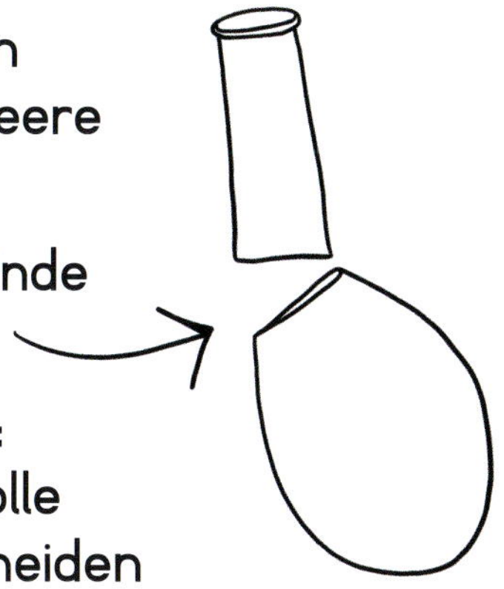

Fertig ist dein Wutball!

Wir basteln einen Wutball

Möchtest du, dass der Troll auf deinem Wutball richtig wütend aussieht? Probiere aus, worauf es dabei ankommt.

Stell dich vor einen Spiegel oder führt die Übung zu zweit durch, indem ihr euch gegenseitig anseht:

- Versuche zuerst, richtig wütend auszusehen. Was fällt dir auf?
- Dann blicke fröhlich drein. Erkennst du einen Unterschied?

Wenn wir wütend sind, runzeln wir die Stirn. Wir kneifen die Augenbrauen und Augen zusammen. Die Mundwinkel gehen etwas nach unten.

So könnte ein Wutgesicht aussehen!

Jetzt bist du dran. Probiere dein Wutgesicht aus:

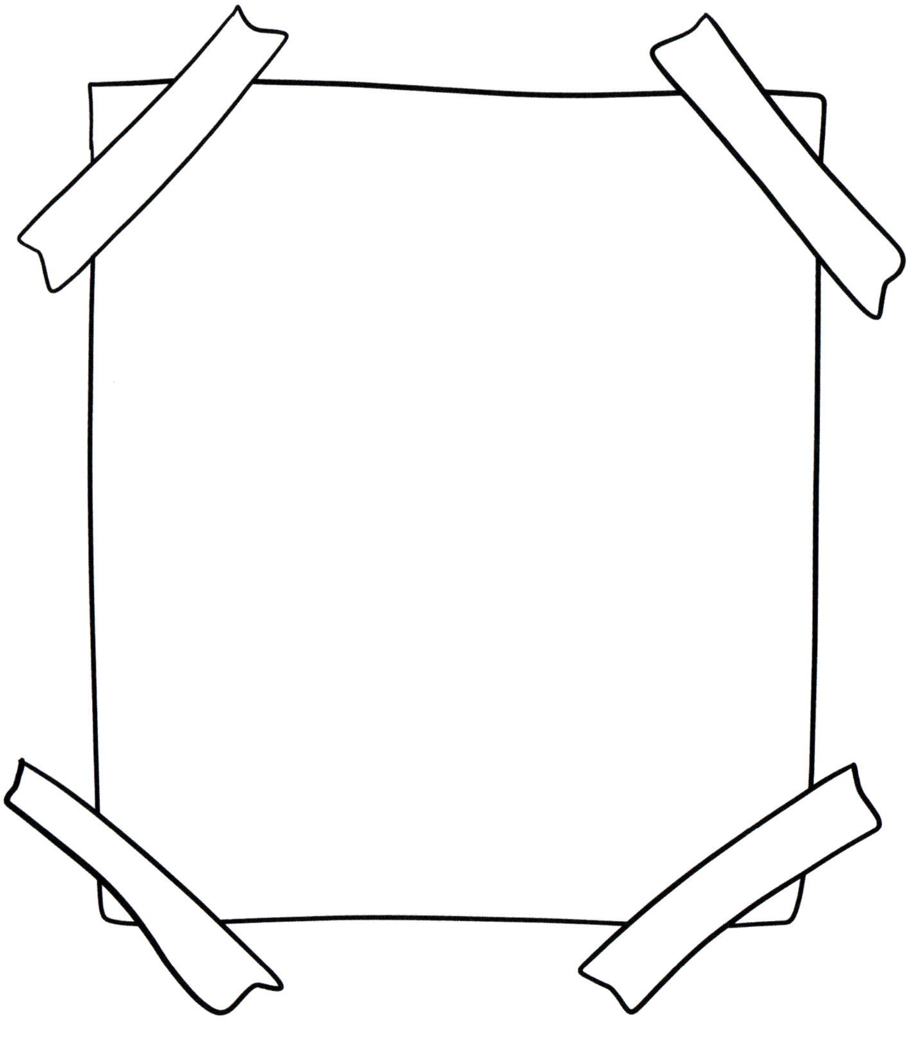

Wenn du zufrieden bist, kannst du dein Gesicht mit einem wasserfesten Filzstift auf deinen befüllten Wutball malen.

Mein bunter Troll

Trollspiel – Würfeln und Malen

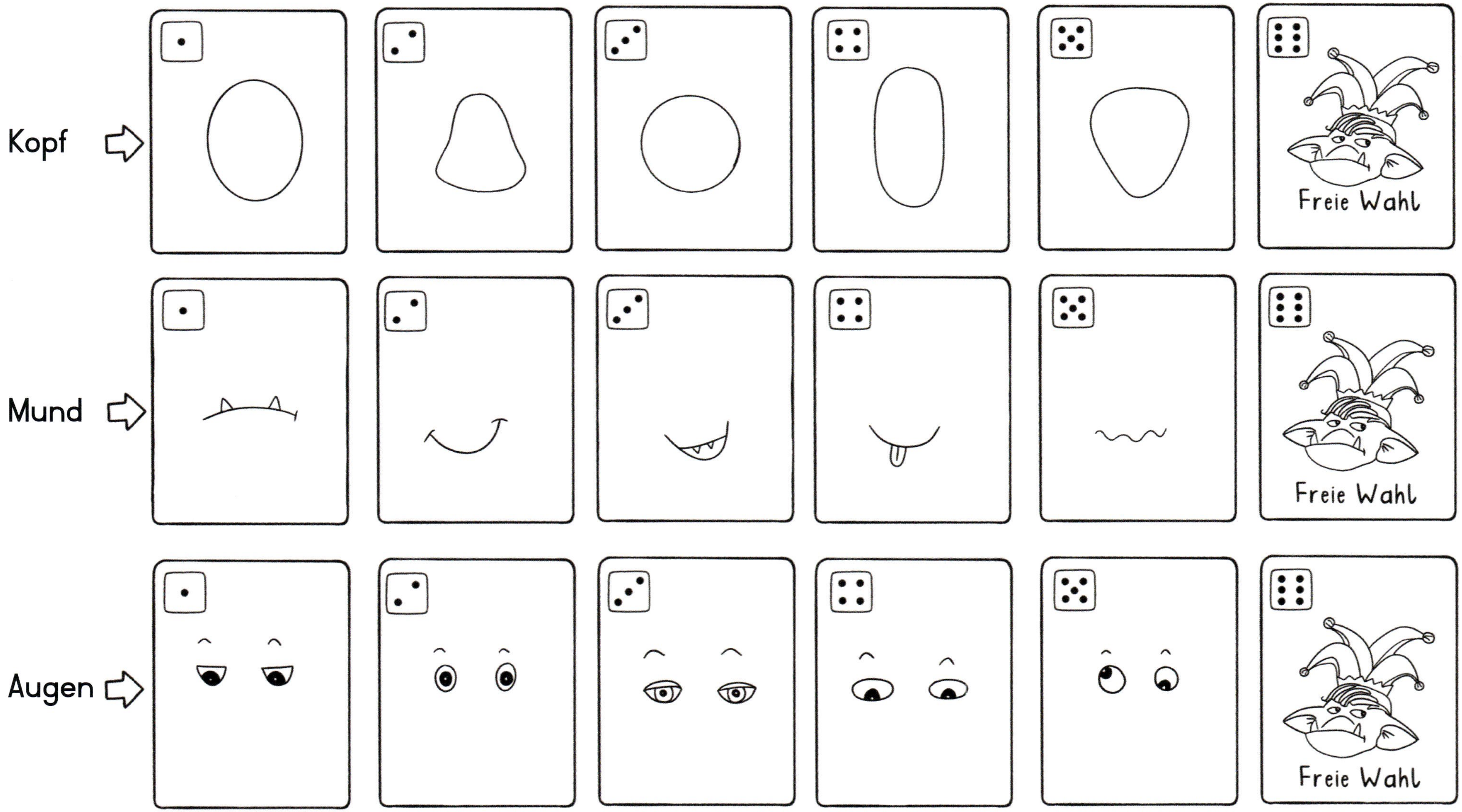

Trollspiel – Würfeln und Malen

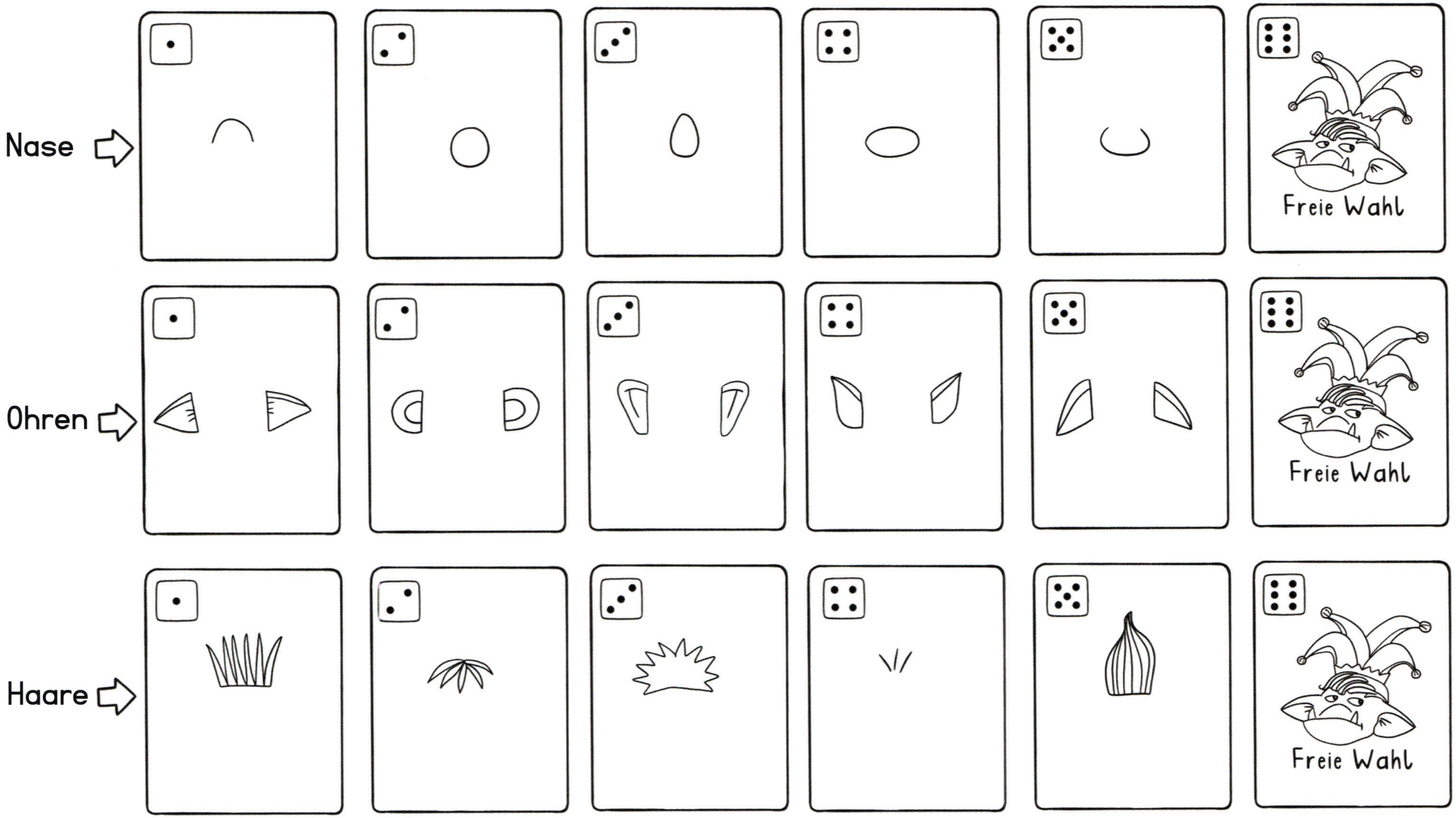

Trollspiel – Würfeln und Malen

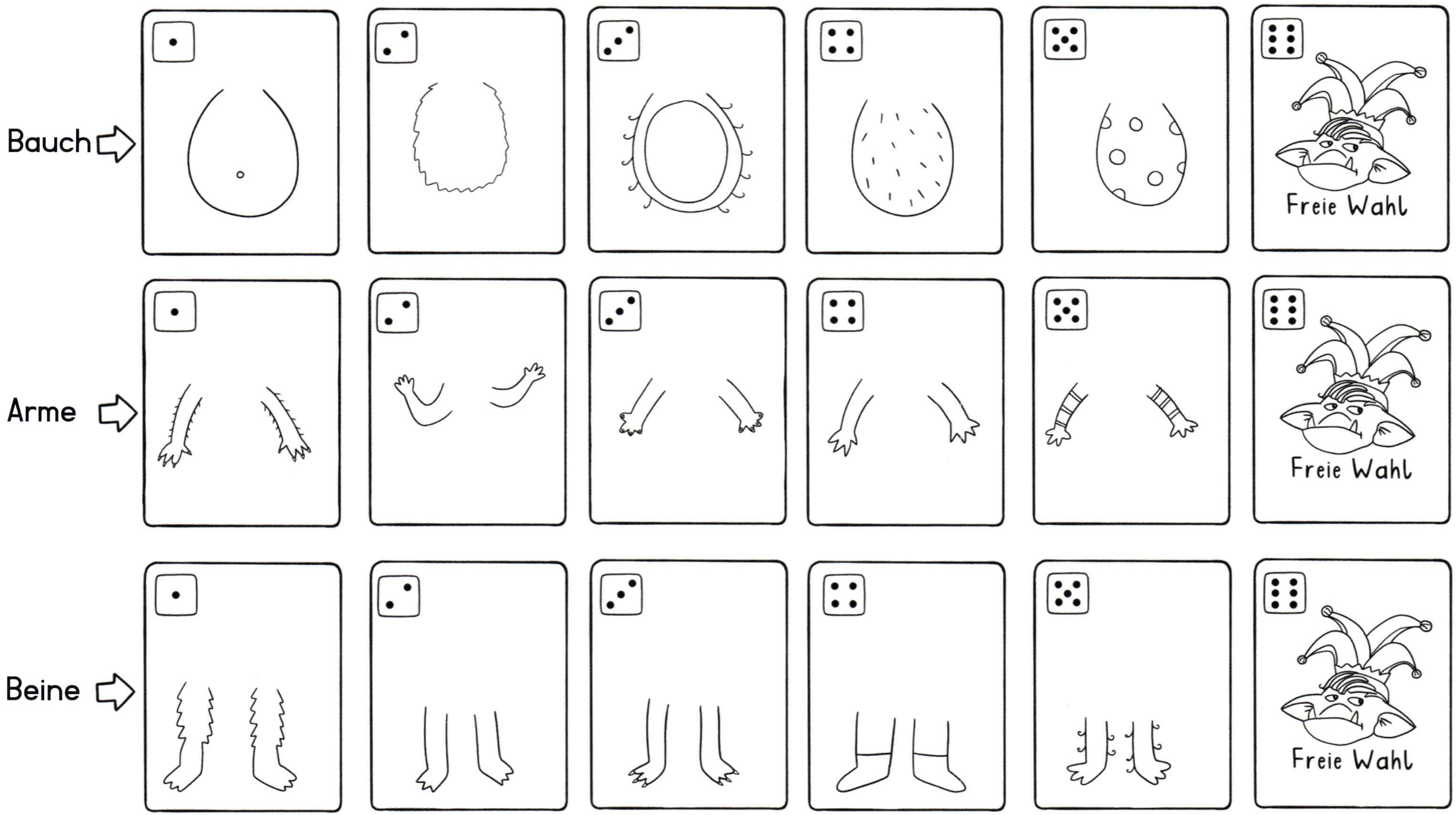